HEIDSTANES
(headstones)

SCOTS HAIKU

AF583165

BY

JOHN McDONALD

Copyright© 2024 JOHN McDONALD
ISBN: 978-93-6354-386-7

First Edition: 2024
Rs. 200/-

Cyberwit.net
HIG 45 Kaushambi Kunj, Kalindipuram
Allahabad - 211011 (U.P.) India
http://www.cyberwit.net
Tel: +(91) 9415091004
E-mail: info@cyberwit.net

No part of this book may be reproduced or transmitted in any form or by any means, electronic, mechanical, photocopying, or otherwise, without the express written consent of JOHN McDONALD.

Printed at Repro India Limited.

TO MY DEAR WIFE ANN, OUR CHILDREN AND THEIR FAMILIES

#

the watterside
bangin up
efter the flood

the riverbank
rising up
after the flood

#

trystin wi maggie on the rod -
a bode
or semply a haiku?

meeting magpie on the road -
an omen
or simply a haiku?

#

twa fremmit fowk -
the bleckie's croonin's
stellt thaim

two strangers -
the blackbird's singing's
brought them to a standstill

#

snail in's shall
aw day
...this dinsome neebour

snail in his shell
all day
...this noisy neighbour

#

voar dichtin -
attercap mizzlin
intae the vacuum

spring cleaning -
spider disappearing
into the vacuum

#

the maple tree
streetchin
chappin it the door

the maple tree
stretching
knocking at the door

#

watterside dander
atween
twa lifts

riverside walk
between
two skies

#

hinmaist day -
on the strand towrists
coontin thair bawbees

last day -
on the beach tourists
counting their money

#

spanish Mass -
the priest alowe
ceilin fans birlin...lift aff!

spanish Mass -
the priest aflame
ceiling fans turning...lift off!

#

jazz i the perk -
a braw tenor sax
seelences the rooster

jazz in the park -
a beautiful tenor sax
silences the cockrel

#

the skinklin sea -
doon bi the herbour
the landit catch skinklin

the glittering sea -
down by the harbour
the landed catch glittering

#

airlie mornin rooster
ma fere
...on weekdays!

early morning cockrel
my friend
...on weekdays!

#

the crippelt laddie's draigon
rives
it his hert

the disabled boy's kite
tugs
at his heart

#

a suddent shooer
his colourfou umberellae
...wattergaw

a sudden shower
his colourful umbrella
...rainbow

#

gean tree
fifty year auld -
a stoop o stour

cherry tree
fifty years old -
a pillar of dust

#

lown mornin -
pish-the-bed knocks
bydin...

calm morning -
dandelion clocks
waiting...

#

slawly abuin the palin
peerie nebs
..aipple flourish

slowly above the fence
tiny faces
...apple blossom

#

fairmer sneds the furst sway -
butterie chacks it
fir strauchtness

farmer cuts the first swathe -
butterfly checks it
for straightness

#

sweelin wund -
gean tree
flamenco

swirling wind -
cherry tree
flamenco

#

throuch the steadin
a speuggie
its neb fou o strae

through the building site
a sparrow
its beak full of straw

#

unner the tree
a tuim shoppin cairt
fouin wi fawin fruct

under the tree
an empty shopping cart
filling with falling fruit

#

new maisic -
days o weet
hiv chynged the burn's souch

new music -
days of rain
have changed the stream's tone

#

blue bonnets in an oot
o the auld post boax
...a deleevery suin

blue tits in and out
of the old post box
...a delivery soon

#

yoga i the gairden -
a bummer's equal-aqual
on a flooer's heid

yoga in the garden -
a bee balances
on a flower's head

#

the african lassie
feshes a glintin smirk
intae a dreich day

the african girl
fetches a gleaming smile
into a dull day

#

the bodach an the bummer
rist a whilie - syne yoke tae
gairdenin

the old man and the bee
rest a while - then set to
gardening

#

muinlicht
skailt on the brainches
peer flourish

moonlight
scattered on the branches
pear blossom

#

oot frae the chippy
a bodach -
sheddae o a maw follaes him

out from the chip shop
an old man -
shadow of a gull follows him

#

sneck aff the T.V.
hearken: a burd
croonin on the aerial

turn off the T.V.
listen: a bird
singing on the aerial

#

ginge gibbe-cat -
peerie teeger
sowpin frae a bowlie

ginger tom-cat -
little tiger
supping from a bowl

#

i the scrogs
a tasht bottle seegnals:
sinsheen an cluds

in the undergrowth
a broken bottle signals:
sunshine and clouds

#

ink-derk burn -
calligraphy
o sweels an swirls

ink-dark stream -
calligraphy
of eddies and whirlpools

#

blowster
skirls
a rin-awa bucket

storm
screams
a runaway dustbin

#

athort the pome
a peerie reid eemock
...its bluid bydes, a comma

across the poem
a little red ant
...its blood remains, a comma

#

fundin ma auld truan -
baith o's rousty nou
we'll bigg nae mair wa's

finding my old trowel -
both of us rusty now
we'll build no more walls

#

it the winnock
a bummer -
a drone wi nae steeng

at the window
a bee -
a drone with no sting

#

Gaza
Guid Friday
'...heids o coontless Christs rowe doon'

Gaza
Good Friday
'...heads of countless Christs roll down'

(HUGH MacDIARMID - THE INNUMERABLE CHRIST)

#

daffins an blaebells:
ah'm myndit o Eukraine -
nae voar thair yit

daffodils and bluebells:
I'm reminded of Eukraine -
no spring there yet

#

a bygaun train honks -
heich abuin
swans repone

a passing train honks -
high above
swans answer

#

the dowie causey
suddentlie ableeze
...gean flourish

the dreary street
suddenly ablaze
...cherry blossom

#

on the bike peth
a dirlin bob o blae-
bells!!!

on the cycle path
a vibrant bunch of blue-
bells!!!

#

the priest threeps:
'the wurd o God'
...a bairn ca's oot

the priest intones:
'the word of God'
...a child cries out

#

skypin faimilie
faur an near - i the gairden
a wab dirls

skyping family
far and near - in the garden
a web vibrates

#

mornin Mass
throuch a stoor - the braes
a'ready in mantillas

morning Mass
through a blizzard - the hills
already in mantillas

#

voar
cheetlins
growein looder

spring
chirpings
growing louder

#

peerie blue bonnet
yer heid bobbin
whit maisic dae ye hear?

little blue tit
your head bobbing
what music do you hear?

#

voar's airmy
on the muive -
pynts o thair leisters awroads

spring's army
on the move -
points of their spears everywhere

#

the sin sheens
on the tuim whusky boattle -
he thocht the sin blinkit in't!

the sun shines
on the empty whisky bottle -
he thought the sun shone in it!

#

watterside scart -
its spreid weengs
walcumin the sin

riverside cormorant -
its spread wings
welcoming the sun

#

keek o day
muives athort the gairden
freest stooryin aheid

sunrise
moves across the garden
frost racing ahead

#

i the tirl
daffins skewin
tentie o the burn bygaun

in the breeze
daffodils turning
to watch the stream passing

#

alang the causey
sensor lichts blink -
bawdron's midnicht dander

along the street
sensor lights blink -
cat's midnight stroll

#

the bodach
stotterin nou
thankfou fir a broon haun

the old man
staggering now
thankful for a brown hand

#

fooneral Mass
a babbie groozles -
baith ens o the meesterie

funeral Mass
a baby gurgles -
both ends of the mystery

#

yon tyme agane -
new wirms streekin
pizzel-pink

that time again -
new worms stretching
penis-pink

#

fund:
a bruckle scrieve
frae a bruckle laddie

found:
a fragile letter
from a fragile boy

#

sparks on a brainch
rowe an dunt
...newton's beddie

raindrops on a branch
roll and bump
...newton's cradle

#

Mardi Gras glamour -
bairns tap-daunce
bottle-taps stellt tae thair shuin

Mardi Gras magic -
children tap-dance
bottle-tops fixed to their shoes

#

a bleckie hunkers
fusslin
on the sinny side o the tree

a blackbird sits
whistling
on the sunny side of the tree

#

i the auld neebourheid
awbodie's gane -
a lane maw's oorie skirl

in the old neighbourhood
everyone is gone -
a lone gull's ghostly cry

#

meditation oor -
a bleck bawdrons
corses the snaw

meditation hour -
a black cat
crosses the snow

#

speengie-rose apenin-
tyme
fir the drouthy bummer

peony-rose opening-
time
for the thirsty bee

#

in the deid buddhist's
gairden
a new bud

in the dead buddhist's
garden
a new bud

#

weet mornin -
daffins
nidd noddin as ah gae by

wet morning -
daffodils
nid nodding as I pass by

#

D-Day -
i the gairden puppies
staun fest i the blowster

D-DAY -
in the garden poppies
stand fast in the storm

#

the ceilidh ower
bairns' herts brustin
boa fedders errborne

the concert over
childrens' hearts bursting
boa feathers airborne

(for Amelia)

#

i the bus shelter
a snorlie condom
...a vaige endit

in the bus shelter
a knotted condom
...a journey ended

#

in her phone buik
mair nummers scartit oot
nor byde

in her phone book
more numbers scratched out
than remain

#

flags droop
pipes foonder i the cunyie
...anither fitbaw brust

flags droop
bagpipes slump in the corner
...another football burst

(EUROS 2024)

#

efter the yirdin
he hunkers souchin
Somewhere over the rainbow

after the funeral
he sits humming
Somewhere over the rainbow

#

licht traivilt
fowerteen billion year
fir his wae een an aw - dormoose

light travelled
fourteen billion years
for his sad eyes too - dormouse

#

amang sic dour fowk
the yalla-gowans'
smirkin nebs

among such grim folk
the daisies'
smiling faces

#

the auld Muslin
an the auld Christian waff
...they ken the truith!

the old Muslim
and the old Christian wave
...they know the truth!

#

bawdrons stoors taewarts me
prood
o's moothfou o moose

cat races towards me
proud
of his mouthful of mouse

#

votin day -
chusin a dander
bi the watterside

election day -
choosing
a walk by the riverside

#

his days o sheddaes
baurs thit arenae thair -
ma manic freen

his days of shadows
bars that aren't there -
my manic friend

#

a peerie butterie
focht the wund
tae hunker aside me

a little butterfly
fought the wind
to sit beside me

#

a faw'n nest -
sae perfitly roond
sae perfitly bein

a fallen nest -
so perfectly round
so perfectly comforting

#

owercast -
sum flooers
sweirt tae apen

overcast -
some flowers
reluctant to open

#

acer
reid-nebbit
it its ain bonnieness

acer
blushing
at its own beauty

#

weet mornin -
snail an me
...oor hystit umberellaes

wet morning -
snail and I
...our hoisted umbrellas

#

maggie
hunkers on the bucket lid -
ah'm tentie o't thinkin

magpie
sits on the bin lid -
I watch it thinking

#

throuch stoor they
hoastit an kerved cathedrals
...braw heidstanes

through dust they
coughed and carved cathedrals
...magnificent headstones

#

jazz throuch the apen door -
a butterie
jitterbugs by

jazz through the open door -
a butterfly
jitterbugs by

#

craw dooks's derkness
intae the burn
whilk swallaes it

crow dips his darkness
into the stream
which swallows it

#

scuil hoalidays -
he hunkers on biggin-saun
till faither's lowsin tyme

school holidays -
he sits on building-sand
till father's finishing time

#

it rist
atween thae reefu weengs
...keengfusher

at rest
between those frantic wings
...kingfisher

#

the watter
stooryin back
tae the sea, tae the lift

the river
racing back
to the sea, to the sky

#

the lowpin troot
goves doon on perfit circles
...zen maister

the leaping trout
gazes down on perfect circles
...zen master

#

seturday mornin play
...keengfusher
fushin

saturday morning pastime
...kingfisher
fishing

#

butterie
afftakkin the bodach
stoiterin

butterfly
mocking the old man
staggering

#

days o drouth -
the burn's skelet
shawin throuch

days of drought -
the stream's skeleton
showing through

#

www.ingramcontent.com/pod-product-compliance
Lightning Source LLC
LaVergne TN
LVHW091238150826
845673LV00003B/1207

* 9 7 8 9 3 6 3 5 4 3 8 6 7 *